# BEI GRIN MACHT SICH IHR WISSEN BEZAHLT

# Die Arbeitswelt im Wandel. Auswirkungen und Herausforderung von Diversity Management und digitalen Technologien

**Bibliografische Information der Deutschen Nationalbibliothek:**

Die Deutsche Nationalbibliothek verzeichnet diese Publikation in der Deutschen Nationalbibliografie; detaillierte bibliografische Daten sind im Internet über http://dnb.d-nb.de abrufbar.

ISBN: 9783346249555
Dieses Buch ist auch als E-Book erhältlich.

© GRIN Publishing GmbH
Nymphenburger Straße 86
80636 München

Druck und Bindung: Books on Demand GmbH, Norderstedt Germany
Gedruckt auf säurefreiem Papier aus verantwortungsvollen Quellen

Das vorliegende Werk wurde sorgfältig erarbeitet. Dennoch übernehmen Autoren und Verlag für die Richtigkeit von Angaben, Hinweisen, Links und Ratschlägen sowie eventuelle Druckfehler keine Haftung.

Das Buch bei GRIN: https://www.grin.com/document/924728

# Sonderprüfung

## Alternative A

Online eingereicht am 15.07.2020

SRH Fernhochschule

# Inhaltsverzeichnis

# Abkürzungsverzeichnis

| | |
|---|---|
| bspw. | beispielsweise |
| sog. | sogenannt |
| Mio. | Millionen |
| KI | Künstliche Intelligenz |

# A1 – Die Arbeitswelt im Wandel

Die Arbeitswelt ist einem ständigen Wandel ausgesetzt. Die Bewältigung von tiefgreifenden Veränderungsprozessen gehört mittlerweile zu den größten Herausforderungen fortschrittlicher Unternehmen. Arbeit ist ein systemrelevantes Element der globalen Wirtschaft, welches einen Mehrwert bringt, Innovationen ermöglicht und die Basis für jegliche ökonomische Aktivität bildet.[1] In den letzten 100 Jahren wurde die Arbeit durch technische Entwicklungen und Innovationen stark beeinflusst und verändert. Die Folgen dieser raschen Entwicklungen sind ständig fortschreitende Globalisierung, Virtualisierung, Automatisierung, Beschleunigung sowie Digitalisierung und Flexibilisierung der Arbeitswelt.[2]

Anhand dieser Treiber soll im folgenden Teil dieser Aufgabe der Arbeitsweltwandel näher erläutert und die Vorgehensweise von Unternehmen und Arbeitnehmern dahingehend analysiert werden.

Die Unterteilung der Produktion der Volkswirtschaft erfolgt in drei Sektoren: der erste Sektor, sog. Primärsektor, umfasst die land- und forstwirtschaftliche Produktion und die Fischerei. Die industrielle Produktion wird dem sekundären Sektor und die Produktion von Dienstleistungen dem dritten Sektor, sog. Tertiärsektor, zugeordnet. Hierzu wurde eine Drei-Sektoren-Hypothese aufgestellt, welche besagt, dass in gering entwickelten Volkswirtschaften der Wertschöpfungsanteil überwiegend im Primärsektor stattfindet und bei zunehmender Entwicklung sich in den sekundären sowie tertiären Sektor verlagert. Dieser Ansatz unterliegt einer logischen Erklärung.

Anfangs basiert jede Wirtschaft auf der Landwirtschaft. Mittels der technischen Entwicklung können landwirtschaftliche Tätigkeiten auf Maschinen ausgelagert werden, und die freiwerdenden Kräfte sind anderweitig einsetzbar. Dahingehend kann effektiver produziert werden, eine höhere Nachfrage entsteht, und die Produktion komplexer Güter steigt an. Dieser Prozess wird als Industrialisierung bezeichnet und verlagert den Wertschöpfungsanteil vom primären auf den sekundären Sektor. Bei hoch entwickelten Ländern, wie bspw. Deutschland ist der tertiäre Dienstleistungssektor am größten. Hierbei handelt es sich um den gleichen Prozess wie beim Übergang von Primär- zur Sekundärökonomie. Es entstehen neue Beschäftigungsfelder im

---

[1] Vgl. Jeschke, S. (2012), S. 1
[2] Vgl. Gerdenitsch, C., Korunka, C. (2018), S. 3

Dienstleistungssektor durch freiwerdende Kräfte, da andere Tätigkeiten aufgrund von geringeren Produktionskosten in Entwicklungsländer ausgelagert werden. Somit kann in diesem Sektor wieder kapitalintensiver investiert werden, und die Nachfrage nach produktionsabhängigen sowie -unabhängigen Dienstleistungen steigt.[3]

Abbildung 1: Anteil der Wirtschaftssektoren in Deutschland in Prozent
(Quelle: Eigene Darstellung in Anlehnung an studyflix)

Abbildung 1 zeigt den Anteil der Wirtschaftssektoren in Deutschland. Hierbei verglichen sind die Jahre 1900 und 2017. Die Verlagerung auf die drei Sektoren war 1900 noch sehr ausgeglichen, wobei der Tertiärsektor am schwächsten ausgeprägt war. Im Jahr 2017 hat sich Deutschland hin zu einer Dienstleistungsgesellschaft mit einem Anteil von 69,1% entwickelt, was in diesem Säulendiagramm veranschaulicht dargestellt ist.

In Wirtschaftskreisen gibt es mittlerweile einen vierten Sektor, Quartärsektor genannt. Volkswirt Jean Gottmann definiert ihn als Sektor für Tätigkeiten des tertiären Sektors, welche besonders hohe intellektuelle Ansprüche stellen und große Verantwortungsbereitschaft erfordern wie IT-Dienstleistung, Hochtechnologie, Kommunikationstechnik oder Beratung. Dahingehend wird Deutschland stellenweise nicht mehr als Dienstleistungs-, sondern als Informations- und Kommunikationsgesellschaft bezeichnet.[4]

---

[3] Vgl. lai.fu-berlin (07.07.20, 12:47)
[4] Vgl. studyflix (2020), (07.07.20, 15:30)

Ein weiterer Aspekt der rasanten, innovativen Entwicklung der Arbeitswelt ist die Digitalisierung. Der Begriff Digitalisierung hat eine technische und eine operationale Seite. Technisch betrachtet beschreibt Digitalisierung die Überführung von analogen Informationen in eine digitale Speicherform und operational gesehen werden Aufgaben, welche bislang von Menschen ausgeführt wurden, digitalisiert, sprich von digitalen Geräten übernommen, bspw. von Computern.[5] Damit können Prozesse automatisiert werden, Maschinen sich untereinander vernetzen und Daten für mehrere Personen in Clouds einsehbar gemacht werden. Zusätzlich wird auch die KI ein immer größeres Thema, welche schon bei vereinzelten Unternehmen Einsatz findet.

Die Digitalisierung ist in allen Geschäftsbereichen angekommen und entwickelt sich deutlich schneller als jeder andere Veränderungsprozess in der Wirtschaft bisher. Dies ist daraus abzuleiten, dass Produktentwicklungen früher Jahre bis Jahrzehnte entwickelt wurden bis sie marktreif waren und mittlerweile solche Prozesse in Monaten fertiggestellt werden. Somit müssen sich Unternehmen ständig weiterentwickeln, indem sie die neuesten Maschinen und Geräte anschaffen, welche sich untereinander intelligent vernetzen lassen. Hierfür wird auch das fachlich ausgebildete Personal benötigt, welches die Maschinen einstellen und steuern kann, und folglich müssen die Arbeitsprozesse überdacht werden, da die Maschinen bereits einen großen Teil der Arbeit erledigen können. Zudem erkennen Unternehmen, dass die Nutzung von mobilen Geräten, um Daten abzurufen oder Präsentationen beim Kunden zu halten, immer wichtiger wird, um sich der digitalen Transformation anzupassen.

Mit der Möglichkeit, Arbeitsprozesse effektiver und innovativer zu gestalten, steigt auch das Anforderungsniveau der Kunden. Die Anforderungen werden individueller, und Unternehmen müssen Dienste wie Online-Shops, personalisierte Empfehlungen, Chats mit Hilfestellungen in Echtzeit etc. anbieten, um diesen gerecht zu werden.[6]

Neben den Anpassungen, die Unternehmen vornehmen müssen, entstehen auch für Arbeitnehmer neue Herausforderungen. Sie müssen sich permanent weiterbilden, um mit dem technologischen Wandel Schritt halten zu können. Das bedeutet, ein Arbeitnehmer lernt nie aus, muss sich ständig auf neue Situationen und Prozesse einstellen und neues Wissen anwenden können. Dementsprechend besteht die Aufgabe für Unternehmen, Fort- und Weiterbildungsmaßnahmen finanziell sowie zeitlich zu

---

[5] Vgl. Gerdenitsch, C., Korunka, C. (2018), S. 25
[6] Vgl. abas-erp (2020), (08.07.20, 10:38)

unterstützen, damit der Unternehmenserfolg exponentiell steigt.[7] Eine Studie aus dem Jahr 2015 zeigt, dass Unternehmen sich der Wichtigkeit der ständigen Entwicklung ihrer Mitarbeiter bewusst sind. Durchschnittlich boten 77,3% der Unternehmen in Deutschland Fort- und Weiterbildungsmaßnahmen an. Bei Großunternehmen mit über 1000 Mitarbeitern lag das Angebot sogar bei 100%.[8]

Der Prozess der Digitalisierung intensiviert auch die Globalisierung. Globalisierung wird als dynamischer Prozess bezeichnet, welcher den Austausch von Gütern, Dienstleistungen, Kapital und Arbeitskräften auf der ganzen Welt ermöglicht und die Intensität des internationalen Wettbewerbs steigert. Das Zusammenwachsen der Teilmärkte bietet die Gelegenheit der Arbeitsteilung, womit der Einsatz von Ressourcen dauerhaft wirtschaftlich verbessert wird.[9]

Durch die Entwicklung von Informations- und Kommunikationstechniken wie bspw. E-Mail, Videokonferenz, Telefon etc. sind virtuelle Arbeitsgruppen in globalen Unternehmen nicht mehr wegzudenken. Ein virtuelles Team ist eine räumlich verteilte Arbeitsgruppe. Somit stellen geographische Distanzen, zeitliche und organisatorische Grenzen keine Hürden mehr dar, und weltweite Standorte können jederzeit miteinander kommunizieren. Insofern besteht die Möglichkeit, Experten aus verschiedenen Ländern zu vernetzen und ihre Ideen in einer Gruppe zu verknüpfen, womit sich automatisch die Qualität des Ergebnisses erhöht. Die Gruppen können individueller zusammengestellt werden, und die Tagesplanung wird flexibler, da nicht mehr auf Distanzen und Zeiten geachtet werden muss. Dies bringt wiederum auch Herausforderungen mit sich, vor allem für Führungskräfte solcher Teams. Die virtuellen Teams bestehen oftmals aus Personen mit verschiedenen kulturellen Hintergründen und Bräuchen, die allesamt respektiert werden müssen, damit jedes Gruppenmitglied sich wohlfühlt und ein produktives Ergebnis erarbeitet werden kann.[10]

Durch das Entstehen von internationalen, virtuellen Teams erlangen auch die Fremdsprachenkenntnisse immer mehr an Bedeutung. In aktuellen Zeiten ist es zwangsläufig notwendig, dass Arbeitnehmer ausgeprägte Sprachkenntnisse vorweisen können,

---

[7] Vgl. personio (2020), (08.07.20, 11:22)
[8] Vgl. Statista (2019), (08.07.20, 11:34)
[9] Vgl. springerprofessional (2019), (08.07.20, 12:01)
[10] Vgl. Müller, S. (2017), S. 1-2

insbesondere in der Businesssprache Englisch. Dies ist die Basis für das Funktionieren virtueller Teams.[11]

Außerdem entstand durch die Globalisierung ein Weltmarkt für Güter und Dienstleistungen, womit die Produktion internationalisiert wurde. Folglich kann kostengünstiger im Ausland hergestellt werden, was sichtbar durch den Anstieg von grenzüberschreitenden Investitionen ist.[12] Ein Beispiel der Modemarke „Esprit" soll dies verdeutlichen.

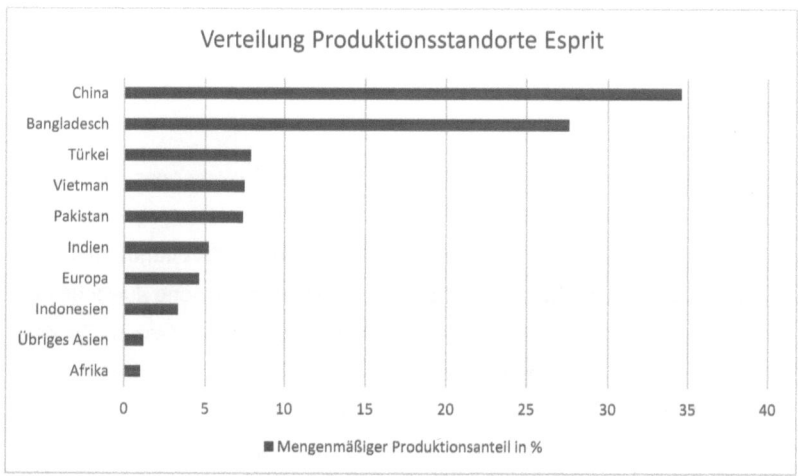

Abbildung 2: Verteilung der Produktionsstandorte von „Esprit"

(Quelle: Eigene Darstellung, in Anlehnung an Statista-2)

Abbildung 2 zeigt die Verteilung der Produktionsstandorte der Modemarke „Esprit". Es ist zu erkennen, dass „Esprit" in mehr als zehn Ländern produziert. Der größte Anteil der Produktion findet in China (34,6%) und Bangladesch (27,6%) statt. Die Produktion in den Entwicklungs- und Schwellenländern ist deutlich kostengünstiger, und ein weiterer Vorteil erschließt sich aus der zeitlichen Komponente. Aufgrund der vielen Produktionsstätten kann jeden Tag 24 Stunden produziert werden, womit mehr Ware verfügbar ist, mehr verkauft werden kann und somit höhere Gewinne erzielt werden können.

---

[11] Vgl. Albers, A. (2009), S. 448
[12] Vgl. Koch, E. (2017), S. 4

Darüber hinaus ist auch das Outsourcing und Offshoring für Unternehmen sehr attraktiv. Outsourcing bedeutet, dass Wertschöpfungsaktivitäten an externe Zulieferer ausgelagert werden, um die Wertschöpfungskette des eigenen Unternehmens zu verkleinern. Offshoring beschreibt die Verlagerung von betrieblichen Prozessen ins Ausland. Vorteile solcher Auslagerungen sind größere Möglichkeiten der Spezialisierung und ein höheres Innovationstempo. Das Outsourcing muss nicht zwangsläufig ins Ausland verlagert und das Offshoring nicht an externe Zulieferer gegeben werden, jedoch bietet es sich an, da es eine Reduzierung der Kosten hervorrufen kann. Je intensiver der aktuelle Wettbewerb ist, desto mehr müssen sich Unternehmen die Frage stellen, ob es intelligenter ist, selbst zu fertigen oder Fremdbezug in die eigene Produktion zu integrieren.[13]

Als letzter Punkt ist der demografische Wandel zu nennen, welcher den Wandel der Arbeitswelt aktiv beeinflusst. Die Zahl der Einwohner in Deutschland lag 1950 bei ca. 70 Mio. und ist mittlerweile auf 83 Mio. Einwohner angestiegen. Als Gründe zu nennen sind: die hohe Geburtenrate, die steigende Lebenserwartung und hohe Zuwanderung. In den nächsten Jahren und Jahrzehnten wird davon ausgegangen, dass die Bevölkerungszahl wieder stetig abnimmt. Einer Statistik des Bundesamts zufolge soll im Jahr 2060 die Bevölkerung bei 74,79 Mio. Einwohnern liegen. Demnach liegt das Problem des demografischen Wandels nicht im Bevölkerungswachstum, sondern in der nachhaltigen Veränderung der Bevölkerung hinsichtlich der Altersstruktur. Die Lebenserwartung steigt weiterhin an und die Zahl der Geburtenhäufigkeit verringert sich, was zur Folge hat, dass die Zahl der älteren Bevölkerung zunimmt, hingegen die Zahl der Jüngeren sowie Menschen im Erwerbsalter abnimmt. Diese Tatsachen können zu einem Arbeitskräftemangel in sämtlichen Branchen führen.[14] Dahingehend müssen Unternehmen flexible Arbeitsmodelle entwickeln, die den Erhalt der kognitiven Leistungsfähigkeit durch lebenslanges Lernen und Tätigkeitswechsel sowie die Stärkung der Gesundheitskompetenz fördern, damit Arbeitnehmer durchgehend und längerfristig leistungsfähig sind.[15]

---

[13] Vgl. Knoke, M., Behm, A., Breger, W., Schanz, S. (2015), S. 30
[14] Vgl. sozialpolitik-aktuell (2018), (08.07.20, 17:15)
[15] Vgl. Richter, G., Bode, S., Köper, B. (2012), (08.07.20, 17:33)

Zusammenfassend lässt sich feststellen, dass Unternehmen und Arbeitnehmer dem Wandel der Arbeitswelt ausgesetzt sind und sich ständig anpassen und weiterentwickeln müssen. Es bedarf an Offenheit für neue Denkmuster und Arbeitsweisen, ansonsten ist das Überleben am heutigen Arbeitsmarkt nicht mehr möglich.

## A2 – Diversity Management

Diversity Management wird im Deutschen als Vielfaltsmanagement übersetzt. Es ist ein Konzept der Unternehmensführung, welches das Ziel, die Vielfalt der Mitarbeiter durch eine entsprechende Organisationsstruktur und -kultur hervorzuheben, verfolgt.[16] Die Vielfalt wird anhand der Kriterien Alter, Geschlecht, ethnische Zugehörigkeit, sexuelle Orientierung, Behinderungen und unterschiedlicher Glaubensrichtungen bewertet. Hier gilt es, diese vielfältigen Kriterien gezielt einzusetzen, um sie als Erfolgskomponente zu nutzen.[17]

Der Begriff „Diversity" hat seinen Urpsrung in der US-amerikanischen Bürgerrechtsbewegung der 1960er-Jahre, die gegen die Diskriminierung Schwarzer kämpfte. Somit bezog sich „Diversity" anfangs auf die Forderung nach der Herstellung gesellschaftlicher Chancengleichheit. Aufgrund dessen entwickelte sich in den folgenden Jahren ein Unternehmenskonzept, welches die Vielfältigkeit der Mitarbeiter als Mehrwert nutzen möchte und Chancengleichheit für alle bieten soll. Zudem soll es der Diskriminierung von Mitarbeitergruppen mit Minderheitenstatuts entgegenwirken und diese gänzlich verbannen. Ende der 1990er-Jahre wurde es als Leitbild der Europäischen Union übernommen.[18]

Diversity Management ist eng mit dem gesellschaftlichen Wandel verknüpft. Hierbei tragen die Globalisierung, der demografische Wandel und die Einwanderungsquote ihren Teil dazu bei, welcher nachfolgend im Text erläutert wird.

Eingehend auf den Punkt der Globalisierung beschäftigen sich Unternehmen durch die Internationalisierung der Wirtschaft mittlerweile immer mehr mit dem Thema Diversität. Das hängt mit dem Einfluss der multinationalen Konzerne wie Microsoft, Coca-

---

[16] Vgl. perwiss (2020), (09.07.20, 13:37)
[17] Vgl. Pauser, N., Wondrak, M. (2011), S. 9
[18] Vgl. Kerkhoff, E. (2014), S. 78

Cola, IBM, Adidas, Deutsche Bank etc. zusammen, die bereits Diversity-Management-konzepte in ihren Niederlassungen eingeführt haben.[19]

Außerdem verstärkt auch der demografische Wandel, dass Diversity Managementkonzepte immer wichtiger innerhalb der Unternehmen werden. Von 1990 bis 2005 veränderte sich das Durchschnittsalter der Bevölkerung in Deutschland von 39 auf 42 Jahre. Die Tendenz ist steigend und wird bis 2050 auf mindestens 48 und maximal 52 Jahre ansteigen. Das heißt, die Bevölkerungsstruktur wird aktiv verändert. Dies beinhaltet Veränderungen für die Wirtschaft, da die Belegschaften älter werden, ein höherer Frauenanteil in Unternehmen arbeiten wird und die kulturelle Diversität der Mitarbeiter ansteigt.[20]

Diese neue Struktur soll mit ihren Stärken und Schwächen im Konzept des Diversity-Managements erfolgreich angepasst werden. Dieser Prozess gestaltet sich als komplex, und Diversität kann anfangs zu Störungen und Reibungsverlusten in betrieblichen Abläufen führen, da es zu Abweichungen vom Standard kommt. Die folgenden Beispiele sollen dies verdeutlichen. Es können Situationen auftreten, dass ein Mitarbeiter wegen Sprachschwierigkeiten die Aufgabenstellung nicht korrekt versteht, Mitarbeiter hohen Alters die volle körperliche Leistung nicht mehr ausschöpfen können oder Teammeetings wegen flexiblen Arbeitszeitmodellen nicht zum gewollten Zeitpunkt abgehalten werden können etc. Diese Herausforderungen zeigen, dass ein Unternehmen die internen Prozesse so abstimmen muss, damit die Vielfältigkeit der Mitarbeiter bewusst integriert wird. Ansonsten können die Stärken der Diversität nicht genutzt und in den Wertschöpfungsprozess eingegliedert werden.[21]

Ebenfalls wird die Bevölkerungsstruktur durch die hohen Einwanderungsquoten verändert. In den letzten fünf Jahren sind ca. 8,7 Mio. Menschen nach Deutschland eingewandert. Daraus ist abzuleiten, dass in Deutschland viele verschiedene Kulturen wohnhaft sind.[22]

Eine Studie des SINUS-Instituts von 2017 untersuchte die subjektive Perspektive von Menschen mit Migrationshintergrund. Das Ergebnis der Studie war, dass es in der Migrantenpopulation, wie auch in der autochthonen Bevölkerung, unterschiedlich vielfältige Lebensauffassungen und -weisen gibt. Dahingehend können sie nicht als eine

---

[19] Vgl. Rahnfeld, C. (2019), S. 1
[20] Vgl. Gessler, M., Stübe, B. (2008), S. 15
[21] Vgl. baua (2020), (09.07.20, 15:43)
[22] Vgl. Statista-3 (2020), (10.07.20, 12:20)

homogene Gruppe definiert werden. Zudem sind die Lern- und Leistungsbereitschaft sowie der Wille zu gesellschaftlichem Aufstieg stärker ausgeprägt als bei der deutschen Bevölkerung. Das Ziel der Wirtschaft muss es sein, Migranten intensiver in die Gesellschaft und vor allem die Arbeitswelt zu integrieren, speziell in Bezug auf den zukünftigen Fachkräftemangel aufgrund des demografischen Wandels. Hierbei kann ein effektives Diversity-Management die Einwanderer zu erfolgsversprechenden Mitarbeitern formen.[23]

Nachdem im ersten Teil dieser Aufgabe der Bezug des Diversity-Managements zum gesellschaftlichen Wandel hergestellt wurde, gilt es folglich zu klären, wie sich die Wirtschaft darauf einstellt. Demnach werden im folgenden Abschnitt die wichtigsten Maßnahmen der Wirtschaft aufgezeigt und erläutert.

Im Jahr 2007/08 wurde in Deutschland die Kampagne „Vielfalt als Chance" von Annette Widmann-Mauz, der Bundesbeauftragten für Migration, Flüchtlinge und Integration, ins Leben gerufen. Anlässlich dazu wurde die Charta der Vielfalt von der Bundesregierung verstärkt unterstützt [24], eine 2006 gegründete Initiative von vier Unternehmen.

Das Ziel ist es, Themen wie Anerkennung, Wertschätzung und Einbeziehung von Vielfalt in der deutschen Arbeitswelt voranzutreiben sowie ein vorurteilsfreies Arbeitsumfeld zu schaffen. Die Leitsätze der Charta sind in einer Urkunde zusammengefasst, welche das Kernelement der Initiative bildet. Mittlerweile haben 3500 Unternehmen und Institutionen mit insgesamt 13,4 Mio. Mitarbeitern unterzeichnet, womit sie sich verpflichtet haben, die Vielfalt und Wertschätzung in der Arbeitswelt bewusst zu fördern. Die Zahl der Unterzeichnenden steigt kontinuierlich an. Mit einem Zuwachs in 14 Jahren von 3500 Unternehmen aus Deutschland zeigen diese Zahlen die Wichtigkeit des Diversity-Managements in der heutigen Wirtschaft auf.[25]

Eine Studie aus dem Jahr 2016, durchgeführt von der Charta der Vielfalt, untersuchte die Herangehensweisen und Einstellungen zu Diversity-Management innerhalb einiger deutscher Unternehmen. Dabei wurde festgestellt, dass der Prozess des Managements ganz am Anfang steht. Insgesamt 2/3 der deutschen Unternehmen haben überhaupt noch keine Maßnahmen hinsichtlich Diversity unternommen. Dennoch gibt es

---

[23] Vgl. sinus-institut (2018), (10.07.20, 13:19)
[24] Vgl. Krell, G., Ortlieb, R., Sieben, B. (2018), S. 72
[25] Vgl. Charta-der-Vielfalt (2020), (10.07.20, 15:40)

ca. 65% Befürworter dieser Konzepte, die sich eine Einführung in ihren Unternehmen wünschen.

Unternehmen, welche bereits aktiv mit Diversity-Konzepten arbeiten, gaben überwiegend positive Rückmeldungen. Diese sind überzeugt, dass die Vielfalt und das Arbeitsklima sowie die Zusammenarbeit untereinander, Einflussfaktoren für ein erfolgreiches Unternehmen sind. Somit wurden alle Unternehmensprozesse entsprechend ausgerichtet, damit das Diversity-Management-Konzept effektiv eingesetzt und genutzt werden kann. Ein großer Baustein der Umsetzung ist die Arbeitszeiten- und Arbeitsortflexibilisierung, welche sehr positiv von Mitarbeitern aufgenommen wird und die sog. Work-Life-Balance fördert. Des Weiteren wurden auch Entscheidungskriterien im Rekrutierungsprozess ergänzt, die die Diversität bewusst fördern. Mittlerweile orientieren sich einige Unternehmen an Konkurrenz-Unternehmen, welche bereits erfolgreich mit einem Diversitäts-Konzept arbeiten und führen ebenfalls Maßnahmen zur Förderung der Diversität ein.

Die größte Herausforderung, das Konzept erfolgreich ein- und umzusetzen, liegt bei den Führungskräften eines Unternehmens, die als wichtigster Treiber agieren. Dabei ist das Kriterium Empathie ein ausschlaggebender Faktor, wie erfolgreich die Umsetzung verläuft. Das bedeutet, es handelt sich um einen Top-down-Ansatz, bei dem es allen voran auf die aktive Beteiligung der Führungskräfte ankommt.[26]

Abschließend lässt sich sagen, dass durch den gesellschaftlichen Wandel die Arbeitswelt stark beeinflusst wird. Die Hauptursachen sind die Globalisierung, die Digitalisierung, der demografische Wandel und die zunehmenden Einwanderungsquoten. Die Bevölkerungsstruktur entwickelt sich zunehmend vielfältiger, worauf sich Unternehmen einstellen müssen. Hierzu ist es zwingend notwendig, Diversity Management zu betreiben, um weiterhin zukunfts- und leistungsfähig zu bleiben und in einer vielfältigen Gesellschaft erfolgreich agieren zu können. Welche Unternehmen demgegenüber nicht offen reagieren, werden zukünftig am Markt nicht mehr bestehen können.

---

[26] Charta-der-Vielfalt (2016), (11.07.20, 13:18)

## A3 – Neue Technologien als Motor in der Arbeitswelt

Die Arbeitswelt unterliegt ständig neuen Technologieentwicklungen. Dies lässt sich sehr gut anhand der vier industriellen Revolutionen zurückverfolgen. Die erste industrielle Revolution begann im 18. Jahrhundert, als mechanische Produktionsanlagen mit Wasser- und Dampfkraft betrieben wurden. Mitte des 19. Jahrhunderts begann die zweite industrielle Revolution mit der Entwicklung der Elektrizität, und es entstand eine neue Form der Kommunikation mit Hilfe von Telefonen und Telegrammen. Außerdem erweiterten sich die Transportmöglichkeiten, indem erstmals Ware über Kontinente hinweg befördert wurde. Mit dem ersten funktionsfähigen Computer setzte in den 1970er Jahren die dritte industrielle Revolution ein. Das Ziel war es, die weitere Automatisierung durch Elektronik und IT voranzutreiben.

Heutzutage befinden wir uns in der vierten industriellen Revolution mit der Erfindung des Internets und der damit zusammenhängenden Digitalisierung und Globalisierung. Die Produktion von Gütern erfolgt mittlerweile bei vielen Unternehmen auf Basis der Nachfrage und dem tatsächlichen Bedarf, womit keine bis sehr geringe Lagerkosten anfallen. Der größte Unterschied gegenüber den anderen drei Revolutionen liegt darin, dass nicht nur Industrie, sondern auch Produktions- und Arbeitswelt sich rasant weiterentwickeln. Dahingehend können Unternehmen schneller auf Trends, Geschmäcker und Bedürfnisse des Absatzmarktes reagieren und ein größeres Spektrum an Ausführungen und Modellen anbieten. Dies ist bedingt durch die stetige Weiterentwicklung der Informationstechnik und -verarbeitung.[27]

Schnell veränderte Technologien sind in der heutigen Arbeitswelt Hauptbestandteil und erleichtern viele Prozesse. Im folgenden Abschnitt werden Beispiele aus unterschiedlichen Branchen aufgezeigt.

In der Sportbranche werden bpsw. vermehrt Trackingsysteme für die Spieler genutzt, worüber das Training aufgrund der Aufzeichnung von Bewegungs- sowie Beschleunigungssensordaten und Herzfrequenzmessung professioneller gesteuert werden kann. Mit Hilfe dieser Daten kann die aktuelle Belastung eingesehen, Verletzungen vorgebeugt und Übertraining vermieden werden.[28]

Ebenfalls wird Digitalisierung in der Automobilbranche großgeschrieben. Den aktuellsten Trend macht die E-Mobilität aus, vor allem in Bezug auf den Klimawandel. Hierbei

---

[27] Vgl. industrie-wegweiser (2017), (12.07.20, 11:08)
[28] Vgl. polar (2020), (12.07.20, 11:45)

wird die Reduzierung des Gewichts des Autos, durch andere Werkstoffe wie Karbon oder Plastik fokussiert, was von immenser Wichtigkeit für die Reichweite der E-Autos ist. Neben dem E-Auto beschreibt das „Connected Car" einen weiteren aktuellen Trend. Neue Informationstechniken unterstützen ein komplett vernetztes Auto, was bedeutet, dass Wartungsinformationen, ortsbasierte Tipps, dynamische Stauprognosen und Infotainment-Angebote standardmäßig in den Autos angezeigt werden können.[29]

Ein weiteres Beispiel aus der Logistikbranche ist die „smart factory", was übersetzt intelligente Fabrik bedeutet. Hier koordinieren Maschinen die Fertigungsprozesse, Roboter kooperieren in der Montage mit Menschen, und Transportfahrzeuge fahren eigenständig und erledigen Aufträge. Alle Einheiten der Fabrik sind mit Sensoren und Aktoren ausgestattet und können Meldungen via Funkverbindung übermitteln. Dadurch entsteht eine maximal effiziente Produktion und Logistik.[30]

Aus diesen Beispielen lässt sich schließen, dass die Informationstechniken der heutigen Zeit einen großen Motor der Arbeitswelt bilden. Hieraus entstehen neue Handlungsfelder, welche Unternehmen in ihren Prozessen beachten müssen, um zukünftig am Markt bestehen zu können. Die Herausforderung besteht darin, die neuen Möglichkeiten zu erkennen und sie effektiv zu integrieren, ohne dabei die soziale Komponente zu vernachlässigen. Als Unternehmen ist es von immenser Wichtigkeit, das innebetriebliche Handeln und das Wechselverhältnis von Technik und Sozialem genauestens zu beobachten sowie ständig zu optimieren. Zudem sollte die jeweilige Branche im Auge behalten werden, um neue Innovationen festzustellen und schnellstmöglich darauf reagieren zu können.[31]

Auf der einen Seite entstehen durch die Digitalisierung enorme Vorteile für die Arbeitswelt, auf der anderen Seite jedoch auch einige Konflikte, welche nachfolgend aufgelistet und erläutert werden.

Bei vielen Menschen kursiert die Angst, in Zukunft von Maschinen und Automatisierung ersetzt zu werden und somit ihren Job zu verlieren. Eine amerikanische Studie kam zu dem Ergebnis, dass in zehn bis 20 Jahren die Hälfte der Beschäftigten in

---

[29] Vgl. abas-erp (2017), (12.07.20, 12:15)
[30] Vgl. bmwi (2020), (12.07.20, 14:37)
[31] Vgl. bmbf (2016), (12.07.20, 14:48)

Amerika von Maschinen ersetzt wird.[32] Einer Studie von Statista zufolge drohte im Jahr 2019 jedem fünften Deutschen, durch die Automatisierung seinen Arbeitsplatz zu verlieren. Von einem signifikanten Wandel ihrer Arbeitsaufgabe waren rund 36% der Arbeitnehmer betroffen.[33] In diesem Zusammenhang spielt auch KI eine große Rolle. KI bedeutet, dass Maschinen ohne einen vorgegebenen Plan Diagnosen zu einem Problem entwickeln, selbständig lernen Lösungen zu finden und sich permanent weiterentwickeln. Das heißt, es benötigt keine Personen mehr zur Steuerung von manchen Prozessen, sondern die Roboter und Maschinen erledigen diese eigenständig mit höherer Effizienz und Leistung als ein Mensch es jemals lösen könnte.[34] Diese Entwicklung ruft bei manchen Arbeitnehmern Skepsis hervor, welche KI als Risiko und Bedrohung einstufen. Eine Studie im Rahmen des IW-Zukunftspanels befragte 2019 insgesamt 681 Unternehmen, ob sie KI als Chance oder Risiko betrachten, woraufhin 40% der Unternehmen es als Risiko einstuften. Der größte Anteil von diesen 40% waren kleine und mittelständische Unternehmen, hingegen die großen Unternehmen KI lediglich zu 10% als Gefahr einstuften. Hieraus ist zu erkennen, dass für kleine und mittelständische Unternehmen die Angst, dass ihre Arbeitsplätze ersetzt werden, deutlich höher ist.[35]

Ein weiterer Punkt, welcher Konfliktpotenzial hervorruft, ist die Cybersicherheit. Die Tatsache, dass mittlerweile alle Daten in digitaler Form gespeichert werden, macht Unternehmen automatisch angreifbar für Cyber-Kriminalität. Im Jahr 2018 verzeichnete das Bundeskriminalamt 87000 Cyber-Attacken, ein Anstieg von 1,3% gegenüber dem Vorjahr. Bei den Taten handelte es sich um Datensabotage, -spionage oder -diebstahl. Dies führte für die Unternehmen zu einem Schaden in Höhe von ca. 60 Mio. Euro.[36]

An letzter Stelle ist die Flexibilisierung der Arbeitszeitmodelle zu nennen. Die Umsetzung von flexiblen Modellen gestaltet sich Dank der vielfältigen Kommunikationsmöglichkeiten sehr einfach. Die Vorteile sind, dass die Mitarbeiter ortsunabhängig, in ihrem selbständigen Rhythmus arbeiten können und eine gesunde Work-Life-Balance entsteht. Dennoch bringt diese Umstellung auch Nachteile mit sich. Die ständige

---

[32] Vgl. econstor (2015), (12.07.20, 15:20)
[33] Vgl. Statista-4 (2019), (12.07.20, 15:30)
[34] Vgl. Schmieder, V., C. (2019), S. 10
[35] Vgl. iwkoeln (2020), (12.07.20, 16:34)
[36] Vgl. dw (2019), (12.07.20, 17:00)

Erreichbarkeit sowie die Gefahr der Entgrenzung von Arbeit und Freizeit können Stress und physische Belastungen hervorrufen und überdies großes Konfliktpotential bieten.[37]

Abschließend lässt sich zusammenfassen, dass die Technologie als Motor der Arbeitswelt großes Konfliktpotential bietet. Dennoch gilt für Unternehmen, keine Angst vor Veränderungen zu haben, sondern sich gegenüber den vielen neuen Möglichkeiten und Chancen zu öffnen und diese in ihre Prozesse einzubinden. Die Technologie ermöglicht viele neue Gestaltungsoptionen, womit ein effektives und produktives Umfeld geschaffen werden kann, in welchem jeder seine Potentiale vollständig entfalten kann.

---

[37] md-mentoring (2020), (13.07.20, 12:59)

# Literaturverzeichnis

Albers, A. (2009), Schlüsselqualifikationen für Studium, Beruf und Gesellschaft: technische Universitäten im Kontext der Kompetenzdiskussion, 1. Auflage, Karlsruhe: KIT Scientific Publishing

Gerdenitsch, C., Korunka, C. (2018), Digitale Transformation der Arbeitswelt: Psychologische Erkenntnisse zur Gestaltung von aktuellen und zukünftigen Arbeitswelten

Gessler, M., Stübe, B. (2008), Diversity Management: Berufliche Weiterbildung im demografischen Wandel, 1. Auflage, Münster: Waxmann Verlag

Jeschke, S. (2012), Arbeit im Wandel: Trends und Herausforderungen der modernen Arbeitswelt, 1. Auflage, Münster: LIT Verlag

Kerkhoff, E. (2014), Gesellschaft im Wandel Titel-Nr. 1119-01, 1. Auflage, Riedlingen: SRH Fernhochschule

Knoke, M., Behm, A., Breger, W., Schanz, S. (2015), Wirtschaft im Wandel Titel-Nr. 1143-01, 1. Auflage, Riedlingen: SRH Fernhochschule

Koch, E. (2017), Globalisierung: Wirtschaft und Politik: Chancen – Risiken – Antworten, 2. Auflage, Wiesbaden: Springer Verlag

Krell, G., Ortlieb, R., Sieben, B. (2018), Gender und Diversity in Organisationen: Grundlegendes zur Chancengleichheit durch Personalpolitik, 1. Auflage, Wiesbaden: Springer Verlag

Müller, S. (2017), Virtuelle Führung, 1. Auflage, Wiesbaden: Springer Verlag

Pauser, N., Wondrak, M. (2011), Praxisbuch Diversity Management, 1. Auflage, Wien: Facultas Verlag und Buchhandel

Rahnfeld, C. (2019), Diversity-Management, 1. Auflage, Wiesbaden: Springer Verlag

Schmieder, V., C. (2019), Künstliche Intelligenz als Substitut menschlicher Arbeit, 1. Auflage, Wiesbaden: Springer Verlag


# Internetquellen

abas-erp (2017), Die Top 5 Trends – und was sie für die Automobilbranche bedeuten, Zugriff am 12.07.2020, Verfügbar unter https://abas-erp.com/de/news/automotive-serie-2-die-top-5-trends-und-was-sie-fuer-die-automobilbranche-bedeuten

abas-erp (2020), Digitalisierung der Arbeitswelt – Chance und Risiko zugleich, Zugriff am 08.07.2020, Verfügbar unter https://abas-erp.com/de/erp-guide/digitalisierung-der-arbeitswelt

baua (2020), Diversity Management, Zugriff am 09.07.2020, Verfügbar unter https://www.baua.de/DE/Themen/Arbeitswelt-und-Arbeitsschutz-im-Wandel/Demografischer-Wandel/Diversity-Management.html

bmbf (2016), Zukunft der Arbeit, Zugriff am 12.07.2020, Verfügbar unter https://www.bmbf.de/upload_filestore/pub/Zukunft_der_Arbeit.pdf

bmwi (2020), Die Fabrik der Industrie 4.0, Zugriff am 12.07.2020, Verfügbar unter https://www.bmwi.de/Redaktion/DE/FAQ/Industrie-40/faq-industrie-4-0-03.html

Charta-der-Vielfalt (2016), Diversity in Deutschland, Zugriff am 11.07.2020, Verfügbar unter https://www.charta-der-vielfalt.de/fileadmin/user_upload/Studien_Publikationen_Charta/STUDIE_DIVERSITY_IN_DEUTSCHLAND_2016-11.pdf

Charta-der-Vielfalt (2020), Die Initiative Charta der Vielfalt, Zugriff am 10.07.2020, Verfügbar unter https://www.charta-der-vielfalt.de/ueber-uns/ueber-die-initiative/

dw (2019), Bundeskriminalamt: Cyber-Attacken nehmen zu, Zugriff am 12.07.2020, Verfügbar unter https://www.dw.com/de/bundeskriminalamt-cyber-attacken-nehmen-zu/a-51205745

Econstor (2015), Folgen der Digitalisierung für die Arbeitswelt: In kaum einem Beruf ist der Mensch vollständig ersetzbar, Zugriff am 12.07.2020, Verfügbar unter https://www.econstor.eu/bitstream/10419/158475/1/kb2015-24.pdf

Industrie-wegweiser (2017), Industrie 1.0 bis 4.0 – Industrie im Wandel der Zeit, Zugriff am 12.07.2020, Verfügbar unter https://industrie-wegweiser.de/von-industrie-1-0-bis-4-0-industrie-im-wandel-der-zeit/

iwkoeln (2020), Mittelstandsskepsis gegenüber Künstlicher Intelligenz, Zugriff am 12.07.2020, Verfügbar unter https://www.iwkoeln.de/fileadmin/user_upload/Studien/Kurzberichte/PDF/2020/IW-Kurzbericht_2020_KI_und_KMU.pdf

lai.fu-berlin (2020), Die Sektoren der Volkswirtschaft, Zugriff am 07.07.2020, Verfügbar unter https://www.lai.fu-berlin.de/e-learning/projekte/vwl_basiswissen/bip/die_sektoren_der_volkswirtschaft/index.hhtm

md-mentoring (2020), Flexible Arbeitszeitmodelle – Pro und Contra?, Zugriff am 13.07.2020, Verfügbar unter https://www.md-mentoring.de/flexible-arbeitszeitmodelle-pro-und-contra/

personio (2020), Arbeit 4.0: Bedeutung, Auswirkungen, Herausforderungen, Zugriff am 08.07.2020, Verfügbar unter https://www.personio.de/hr-lexikon/arbeit-4-0/

perwiss (2020), Diversity Management, Zugriff am 09.07.2020, Verfügbar unter https://www.perwiss.de/diversity-management.html

polar (2020), Polar Team Pro, Zugriff am 12.07.2020, Verfügbar unter https://www.polar.com/de/b2b_produkte/team-pro

Richter, G., Bode, S., Köper, B. (2012), Demografischer Wandel in der Arbeitswelt, Zugriff am 08.07.2020, Verfügbar unter https://www.baua.de/DE/Angebote/Publikationen/Berichte/artikel30.html

Sinus-institut (2018), Sinus-Migrantenmilieus, Zugriff am 10.07.2020, Verfügbar unter https://www.sinus-institut.de/sinus-loesungen/sinus-migrantenmilieus/

sozialpoltik-aktuell (2018), Bevölkerungsentwicklung in Deutschland 1950 – 2060, Zugriff am 08.07.2020, Verfügbar unter http://www.sozialpolitik-aktuell.de/tl_files/sozialpolitik-aktuell/_Politikfelder/Bevoelkerung/Datensammlung/PDF-Dateien/abbVII100.pdf

springerporfessional (2019), Was meint Globalisierung der Wirtschaft?, Zugriff am 08.07.2020, Verfügbar unter https://www.springerprofessional.de/wirtschaftspolitik/expansion/was-meint-globalisierung-der-wirtschaft-/16762416

Statista (2019), Anteil der Unternehmen in Deutschland mit Fort- und Weiterbildungsangebot und Teilnahmequoten in den Unternehmen im Jahr 2015 nach Unternehmensgröße, Zugriff am 08.07.2020, Verfügbar unter https://de.statista.com/statistik/daten/studie/227114/umfrage/unternehmen-in-deutschland-mit-fort-und-weiterbildungsangebot-nach-unternehmensgroesse/

Statista-2 (2019), Verteilung der Produktionsstandorte von ESPRIT weltweit nach Regionen im Geschäftsjahr 2018/19, Zugriff am 08.07.2020, Verfügbar unter https://de.statista.com/statistik/daten/studie/158904/umfrage/verteilung-der-produktionsstandorte-von-esprit-seit-2008/

Statista-3 (2020), Anzahl der Zuwanderer nach Deutschland von 1991 bis 2019, Zugriff am 10.07.2020, Verfügbar unter https://de.statista.com/statistik/daten/studie/28347/umfrage/zuwanderung-nach-deutschland/

Statista-4 (2019), Anteil der potentiell stark und signifikant gefährdeten Arbeitsplätze durch die Automatisierung in den OECD-Ländern, Zugriff am 12.07.2020, Verfügbar unter    https://de.statista.com/statistik/daten/studie/999256/umfrage/gefaehrdete-arbeitsplaetze-durch-die-automatisierung-in-oecd-laendern/

studyflix (2020), Wirtschaftssektoren, Zugriff am 07.07.2020, Verfügbar unter https://studyflix.de/wirtschaft/wirtschaftssektoren-1518